绝代佳人——西施

◎ 主编 金开诚

◎ 编著 崔释予

吉林文史出版社

吉林出版集团有限责任公司

图书在版编目（CIP）数据

绝代佳人——西施 / 崔释予编著 . 一长春：吉林
出版集团有限责任公司，2011.4（2022.1重印）
ISBN 973-7-5463-5049-3

Ⅰ.①绝… Ⅱ.①崔… Ⅲ.①西施－生平事迹 Ⅳ.
①K828.5

中国版本图书馆CIP数据核字（2011）第053486号

绝代佳人——西施

JUEDAI JIAREN XISHI

主编/ 金开诚 编著/崔释予
项目负责/崔博华 责任编辑/崔博华 邱 荷
责任校对/邱 荷 装帧设计/柳甬泽 张红霞
出版发行/吉林文史出版社 吉林出版集团有限责任公司
地址/长春市人民大街4646号 邮编/130021
电话/0431-86037503 传真/0431-86037589
印刷/三河市金兆印刷装订有限公司
版次/2011年4月第1版 2022年1月第5次印刷
开本/ 650mm×960mm 1/16
印张/9 字数/ 30千
书号/ ISBN 978-7-5463-5049-3
定价/ 34.80元

前　言

　　文化是一种社会现象，是人类物质文明和精神文明有机融合的产物；同时又是一种历史现象，是社会的历史沉积。当今世界，随着经济全球化进程的加快，人们也越来越重视本民族的文化。我们只有加强对本民族文化的继承和创新，才能更好地弘扬民族精神，增强民族凝聚力。历史经验告诉我们，任何一个民族要想屹立于世界民族之林，必须具有自尊、自信、自强的民族意识。文化是维系一个民族生存和发展的强大动力。一个民族的存在依赖文化，文化的解体就是一个民族的消亡。

　　随着我国综合国力的日益强大，广大民众对重塑民族自尊心和自豪感的愿望日益迫切。作为民族大家庭中的一员，将源远流长、博大精深的中国文化继承并传播给广大群众，特别是青年一代，是我们出版人义不容辞的责任。

　　本套丛书是由吉林文史出版社和吉林出版集团有限责任公司组织国内知名专家学者编写的一套旨在传播中华五千年优秀传统文化，提高全民文化修养的大型知识读本。该书在深入挖掘和整理中华优秀传统文化成果的同时，结合社会发展，注入了时代精神。书中优美生动的文字、简明通俗的语言、图文并茂的形式，把中国文化中的物态文化、制度文化、行为文化、精神文化等知识要点全面展示给读者。点点滴滴的文化知识仿佛颗颗繁星，组成了灿烂辉煌的中国文化的天穹。

　　希望本书能为弘扬中华五千年优秀传统文化、增强各民族团结、构建社会主义和谐社会尽一份绵薄之力，也坚信我们的中华民族一定能够早日实现伟大复兴！

目录

一、浣纱美人

（一）溪边邂逅

那是个艳阳高照的好天气，西施像往常一样提着竹篮去若耶溪边浣纱。潺潺的溪水欢快地从指间流走，阳光温柔地洒在水面上，微风轻轻地拂过浣纱姑娘的面颊，映着日光清泉，美人倩影光彩异常。鱼儿在水中都忘了摆尾，不知不觉地沉到了水底，被溪流冲得迷失了方向。

毫无疑问，西施是村里最漂亮的姑娘。

西施是苎萝村里施老头的女儿，名夷光，由于光彩夺目的美貌，她成了西半村人的骄傲，日子久了，大家就都唤她"西施"。但是，美人的光芒总会招来其他女子的妒忌，村子的东边就住着这样一个姑娘，她从来不觉得自己的容貌比西施差，为了和西施抗衡，甚至就把自己的名字改成了东施。东施为了和西施比美，可谓煞费苦心，从穿着打扮到行为举止无一不效仿西施。

　　西施自幼体弱，经常心口莫名地疼痛。一日，出门时，心口突然一阵疼痛袭来，疼得西施频频蹙眉，不得不用手掩胸口缓解，模样楚楚可怜，引得路人关切慰问。东施见此状，也手掩胸口，皱着眉头，表情夸张，结果却遭到路人的嘲笑，留下了"东施效颦"的成语。

　　然而，迷失方向的不只是那溪里的鱼儿，还有站在溪边不远的范蠡。

　　他的脚步不知不觉地停住了，只是愣愣地站在那儿，不敢眨眼，总觉得在闭眼的瞬间那仙人一样的女子就会突然消失。

　　阳光轻轻地笼罩在那姑娘的身上，形成了一层薄薄的光晕，仿佛是随时会飘走的仙女。藕节似的玉臂撩起一串串清冽的水珠，在阳光下形成一道道七色的彩虹。那女子不时用手拂去被风吹到脸上的头发，然后抬头微笑着看下天空，再继续手上的工作。

　　就在西施又一次不经意地抬眼时，

她看到了他。

真是个好看的人呢，西施暗叹道。

范蠡不知不觉地向她走来，好像被一股奇怪的力量牵引着，已经不受自己控制。那双清澈的望不见底的眼睛不经意地一瞥，瞬间点燃了他的灵魂。

西施见那男子向她走过来，也放下了手中的纱，站了起来。

"姑娘可是这村里的人吗？"见那男子问道，西施回应地点了点头。

"在下是越国大夫范蠡，奉大王旨意访各地的美人入宫，姑娘容貌绝色，可愿同我入宫？"

"在下是越国大夫范蠡"这几个字

重重地敲在西施的心上，似乎有什么，瞬间从潮湿的内心破土。

原来这个男子就是范蠡大夫，那个越国上下无人不知无人不晓，来自楚国的奇人，聪明绝顶，随越王入吴为奴三年，成功地使越王自吴国脱险归来，重建宗庙。想不到如此传奇人物竟站在自己的面前，而且，是那么的英俊儒雅。

西施不知道该说什么，也不知道是为什么，只是点头。

"姑娘点头就是答应在下了。真是太好了。对了，还没请教姑娘芳名？"

"施夷光，大家都叫我西施。"

阳光安静地盘旋在村落的上空，一点一点地燃烧了那些古老到石头都开始风化的村庄，同时，也燃烧了两个人的灵魂。

一个山野浣纱姑娘的命运开始了翻天覆地的变化。

（二）初次入都

　　夫差在七年前怀着复仇之心，率领五万将领，风卷残云地践踏越国国土。越国都城惨遭劫掠，遍地狼藉。勾践入吴为奴的三年，主持政务的大夫文种，颇有远见地放弃对残都的修葺；越王回来时，又极力进谏大王以民心为重，保留亡国旧貌可重新燃起越人复仇的激情。

　　于是，当西施随着那些从各地选来

的美人一起入都时，揭帘而视，只见残
垣断壁，满目疮痍。然而，街上的车来
人往，市井繁华，越国的国力不显山露水，
谦卑而发愤图强地暗中积蓄着。

初次入都的西施，之前从未走出过
苎萝村。即使满眼断壁残垣，也远非乡
野可比。在入都途中，西施结识了一位
叫郑旦的姑娘，同样是被选来的美人。
攀谈了几句发现，原来两人住的村子竟
然只隔了一条小河，之前可能经常隔岸
而过，于是初次离家的二人仿佛是见到
了亲人一般，更加亲近起来。

西施体弱，不堪长途颠簸，倚靠在

马车的窗棂上假寐。活泼好动的郑旦却兴奋不已，干脆卷起窗帘，将整个脑袋伸出去看热闹。时间仿佛就此停滞。车内的美人引得行人忘记了挪动脚步，踮着脚伸长脖子，争先目睹施郑二人的绝色容颜。

终于，西施与郑旦等人被平安地送到了越王的宫殿雅鱼宫中。

雅鱼宫，是越王勾践为宠爱的越夫人所建，宫中房间无数，回廊曲折，如今的颓败仍然掩藏不住曾经的奢华。当年，勾践被吴军逼退至会稽山时，越夫

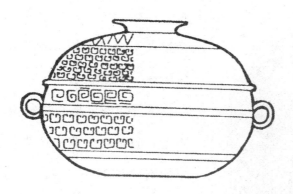

人独自留守雅鱼宫，坦然面对吴国的千军万马。夫差为其非凡的胆魄所感动，决定保全雅鱼宫。

当施郑二人抵达雅鱼宫时，已有近百名来自其他乡间的姑娘，都很忐忑地站在庭院里。宫殿高处亭台上，沧桑不已却风韵犹存的越夫人看着台下站着的百名美女，想到自己青春不再，内心波澜起伏。随大王入吴为奴三年，她的肌肤因此而苍老，她的心更为沧桑。可是为了大王的复仇大业，越夫人依然觉得无怨无悔，在所不惜。

越夫人看出下面的美女们虽然丽质

天生，却还都欠缺一些调教，为了早日能帮大王报仇雪恨，她决定亲自带人训练这些乡野美人们。

尽管战败之国百废待兴，物产极度缺乏，但是对于这些选来的美女，食物中却有鱼肉等卿大夫也难得吃到的佳肴，且不必做粗活，不必行于烈日之下。众女如登天堂，几个月后，皆已经养息得肌肤如雪，面若桃花。

在这几个月艰辛的训练过程中，不断有人被淘汰，挥泪离去。被留下的少数人，也都战战兢兢，如履薄冰。每日要练歌习舞，识字读书，并且还需紧缠帛布使之腰纤，头顶水缶使之颈美，置天足于鞋袜之中，改粗俗之举止。

然而相对于其他人的痛苦敷衍，西施与郑旦二人却进步神速。本就天生丽质，经过调教，更是举止款款有度，衣着风华雅致，举手投足中都透露出万种风情，颠倒众生，倾国倾城。二人深受

越夫人的喜爱。越夫人深知，能助大王
报仇雪恨之人，非这二人莫属。

西施训练得十分刻苦，不为别人，
只为范蠡每次看他跳舞时那抹温柔的微
笑。有很多次，沉重繁复的练习让西施
很想放弃，但是只要想起范蠡安静的笑
脸，就又浑身充满了动力。

只那一眼，胜过万语千言。

西施经常会看见越夫人独自叹息，
夫人与大王的伉俪情深令她颇为感动。
为了所爱的人，牺牲自己花样的年华，
越夫人的忧伤，在她看来却是那样令人
陶醉。沧桑也罢，寂寞也罢，女人不求
名留青史，却始终希望自己爱的人青史留
名。

二、初尝恋酒

（一）短暂幸福

天空像是被飓风吹了整整一夜，干
净得没有一朵云。只剩下彻底的纯粹的
蓝色，张狂地渲染在头顶上面。像不经
意随手打翻了蓝色的颜料瓶。晕染开的，
千丝万缕的蓝。

范蠡就那样站在那里，一袭浅灰色
的无袖袍在腰间用同色系的暗花腰带扣
住，里面着淡紫色长袍，长发垂腰，头

顶部分松挽了一个髻用支白玉簪固定，明亮的眼睛里看起来很平静，薄薄的嘴唇抿成一条线，早晨的阳光斑驳地打在他的脸上，有光的地方，仿佛脸上的绒毛都是金黄色的。

在这个春日的早晨，范蠡给西施又一个猝不及防的深刻印象。

如果说对他的印象一直以来是"他很英俊"，那么今天的风景，毫不讳言地说，让他刻进了西施的心里。

西施的内心世界开始缓慢塌方，像是八月里浸满雨水的山坡在一棵树突然蔓延出新的根系时瞬间塌陷。泥土分崩离析，渐渐露出地壳深处的秘密。

而同样浸满雨水的还有呼吸缓慢起伏的胸腔，像是吸满水的海绵，用手按一下都会压出一大片的水渍。

是什么，在瞬间从潮湿黑暗的内心破土？

"范大人。"西施浅浅地问道，"一大

早找我来，有什么事吗？"

范蠡看了西施一眼，又把目光望向远处："今天越夫人难得让你们休息一天，我带你去都城四处转转吧，姑娘可愿意？"

"真的吗？那真是太好了！"西施难掩心中的雀跃，越夫人让她们休息一天，她已经很高兴，虽然只有短短的一天，但是可以在这一天里不用做那些繁复枯燥的练习，简直是如蒙大赦。现在又可以和范蠡大人一起出游，她觉得范大人的声音就像花儿盛开的声音，朵朵盛开在心里的声音。

西施可爱灿烂的笑脸，弯弯的眼睛里都流淌着喜悦。范蠡突然觉得千万朵莲花在眼前绽放，世界霎时安静下来。

他终于明白自己为何不敢长时间地注视这一双看似浅淡实则深幽的美人眼，看得久了，他怕自己会不可自拔地溺下去。

两个人乘车来到郊外。风和日丽的天气，羞花惹草的伴侣，让二人似乎都忘记了烦恼。

层层叠叠的乡间梯田在眼前绵延伸展，金黄的油菜花铺天盖地，质朴的芬芳中恍惚有一抹俏丽的身影翩然立于其间，回眸一笑，发丝纷飞……

软软的春风羽毛般轻轻抚过脸颊，让人觉得心旷神怡。

"西施姑娘，"西施应声回头，"我有话对你说。"

西施款款地走向范蠡，受训之后的西施已经完全褪去粗鄙的乡野之气，留下的只有举手投足间高贵的优雅风度。

她望向他的眼，仿佛有奔腾的江水印在他的眸中，在那眼底化出一个世界。

"我几年前从楚国来到越国，曾和越王一起入吴为奴，出生入死解救大王于危困之中，现如今又辅佐大王兴国安邦，在这往来奔波的十几年里，我心中没有半点牵挂。可是，自从那日在溪边与姑娘认识之后，我却无法再像往常一样洒脱行事，朝不能起，夜不能寐，这些，姑娘你可都知道？"

范蠡如此坦白自己的心情，是西施始料未及的，同时，也感受到了一种前所未有的情感，一种无法言说的甜蜜与

幸福。

"大人，从与您在家乡溪边邂逅，到随您入宫受训，一直受大人照顾，已经让西施感激不尽，您贵为越国国师，昼夜操劳，日理万机，竟还能心念西施，更是让西施忐忑不安。但是您的话让我很开心，真的很开心，比见到您看我跳舞时露出的微笑还要开心！"

哗地一声，范蠡好像听见心底那座万年冰墙塌陷融化的声音。强烈跳动的心把温暖的血流灌入百骸，让他感到前所未有的满足和兴奋。

世界在一瞬间冲破黑暗，光芒瞬间照耀了干涸的大地，河床汩汩地注满河水，芦苇沿岸发芽。

成千上万的飞鸟优雅地飞过血红色的天空。

这是一个传奇的季节。所有的平凡都在这一个季节里印上华彩和绚丽的印章，被阳光放大了细节，在世界中被清

晰地阅读。

　　只是，沉浸在甜蜜爱情中的西施与范蠡，他们绝对不会想到，双方会在彼此的生命里，掀起如此的滔天巨浪。

　　（二）兮兮离别

　　又是一个深秋。

　　树木的枝叶已经全部凋零，剩下尖锐的枯枝刺破苍蓝色的天空，西施的身影显得那么的寂寞和孤单。她微笑地望着范蠡，从三年前被选中入都时她就知道，终究逃不过被当做供品送给吴王夫差的命运。但是，这三年里，与范蠡甜蜜的点点滴滴却似乎又燃起她心中一丝丝希望。

她望着范蠡，笑容明亮而单纯，她说："少伯，你来了。"秋风瑟瑟地吹过，空气中弥漫着淡淡的哀伤。

"西施，有件事我想和你说。"

万籁俱寂。西施听到了自己的心跳声，如群雷轰鸣，万马齐喑。

该来的终究是逃不过。

不敢眨眼，因为她知道，希望和失望，只在睁眼闭眼的瞬间。

此刻的范蠡已是心如刀绞，他知道，自己本不该爱上这个女人，她注定要被

送进吴王的怀抱。可是，他还是无可救药地爱上了她。摘心断肠的爱恋，让他拥有从未品尝过的甜蜜，同时又感到无限的悲伤。

"你知道吗？我千里迢迢从楚国来到越国，曾经无数次与大王在战场上出生入死，又忍辱负重地随大王入吴为奴，返越后又殚精竭虑地辅助大王重整江山。也许你觉得，我这样做是为了完成母亲当年要我做出一番光宗耀祖事业的心愿。可如果是那样，我可以去很多地方，齐国、秦国、鲁国，甚至连夫差也曾试图拜我为上卿。但是我没有，我依然选择留在这命途多舛的越国。现在我终于明白，我留在这里，是冥冥之中命运的安排。因为你在这里。命运安排我遇见你，让我们相恋。"

缓慢的陈述，平稳的语调，唯一的破绽是颤抖的尾音。

"少伯，我从没后悔过。可能你不

知道，三年前，我们在溪边相遇时，我就已经爱上了你，只是当时我自己也并不知道。后来随你入宫受训，我就深知如果我要留下，终将逃脱不了被大王送去吴国的命运。但是，我没有放弃。因为我知道，只有这样，我才能见到你。这三年里，你让我感受到了前所未有的幸福。我常常想，能与你相恋，是我今生最大的幸运。所以少伯，我不会害怕，你也不要害怕，因为这段美好的回忆，会让我们充满力量地去面对未来的所有艰难。"

"请你相信我，给我三年时间，三年后我一定去接你，然后我们成亲。"

空气里满是悲伤的味道，在干枯的枝叶间浓重的散发。

他们都听到了内心深处破裂的声音，心就像经历了大地震之后的地面，千沟万壑。

结局不会改变，西施早就明白。她

从怀中拿出一把麦草扇，"少伯，这个留给你吧。"

那是她在溪边与范蠡初次邂逅，当夜用浣纱溪边的麦草编成的扇子，苎萝山的翠竹制成的扇柄，用浣纱江里漂洗过的彩丝，将自己姣美的容貌，绣在扇心中，制成一把精致的麦草扇。

一柄充满情意的麦草扇，两张满是哀伤的侧脸，紧紧皱着眉头，掉在脚边的泪水，都融成了一线。

那一刻，世界重归黑暗，带着寒冷迅速降临，暴雪，冰冻，还有未知世界的塌陷。

三日后，越国设国宴为越女饯行。

朝为浣纱女，暮为吴宫妃。身后的三年光阴尽在弹指一挥间。

西施知道，这一去，也许再不会回来，即使有回来的一天，这一切也将是沧海桑田。突然觉得，命运的手掌真的可以翻云覆雨，自己最终还是输给无法改变

的人生。输得彻底，血肉模糊。

她在送行的众人中看到了范蠡，人前的他又恢复了那副宠辱不惊的神色。她总能在人群中一眼就找到他，英俊的面庞，亲和的笑容，明亮的眼睛，还有坚定的眼神。

三年的短暂交汇，那些逝去的光影突然全部涌到眼前——溪边的初次邂逅，田间的深情告白，训练时的默默鼓励，月色底下的紧紧相拥，点点滴滴，历历在目。西施骤然觉得浑身充满了无力感，相恋的爱人，在这一刻之后，将生活在两个不同的国家，头顶的天空都不再是同样的颜色，想念的时候，也就是能在心里说一句"我很想念你"吧。也就只能这样了。

送行宴低调而隆重地进行着。在人群里，西施看见了越王勾践。深深的眼，上翘的唇，似笑非笑的表情。直视他的眼睛，乌黑深邃而空洞，没有任何感情，什么都没有，只有让她背脊发凉的荒芜。一股蓄势待发的压迫感扑面而来，他身上散发出的霸气和凛冽，让她忽然有种天下之君非他莫属的感觉。勾践看到眼前已经出落得倾国倾城的西施，立刻觉得自己下的这步棋很绝妙，这个女人绝对会让夫差疯狂，她会让他万劫不复，她也会助他把他勾践的时代重新夺回来。

送行宴会过后，范蠡带着文种书写的贡辞，亲自送西施、郑旦等数名越女入吴。一行人怀着忐忑的心踏上了去往吴国的征途。

三、宫深似海

（一）途中风波

　　车队平稳而有序地朝吴国方向行驶着。由于西施和郑旦等越女入吴的消息不胫而走，会稽城万人空巷。此番西施等人入吴，激起了会稽人对吴国的强烈仇恨，谁都知道越女入吴意味着什么——将越国最美丽的女子送到吴国任人糟蹋，有点儿民族自尊心的人都会义愤填膺。

勾践大张旗鼓地为越女们送行，既让她们深感自己肩负重担，同时，也再一次加重了越人与吴人之间的仇恨。车马行至郊外，眼前是一片金黄的麦田。范蠡心潮澎湃，这是三年前二人定情的地方。

一阵轻风吹来，将车窗的彩帘掀起一角，一瞬间，范蠡和西施的目光恰好碰到了一起。目光相互交织，如清早春晖般清澈，却淌着深如秋水般的愁思。只一眼，就烙在彼此的心底。

明明近在咫尺，为什么却好像远在天涯。

西施收回了目光，低垂下头，双手放在膝盖的中间，刘海儿在额前投下阴影，眼睛似乎是闭起来了。风吹过去，窗帘落了下来。

应该是累了吧。

范蠡的心里微微有些心疼，像是一块锦帕被轻微地揉起来，再摊开后就是无数细小的褶皱。

马车一路颠簸，终于来到吴越边境，范蠡让车马远远地停下歇息。

西施与郑旦等人纷纷从马车上跳下来。眼前山花烂漫的景象，让她们暂时忘却了即将到来的一切，但也只是淡淡地沉默着，完全没有了往日姐妹一起的活泼喧闹。

时间像潮水一样慢慢地从每个人身上覆盖过去。那些潮水的痕迹早就在风中干透，只残留一些水渍，变化着每个人的模样。

西施静静地站在马车边，表情黯然。不远处，吴国方向一行人正朝她们走来。

"大人，在下奉大王之命，来迎接越国美人，为美人梳妆打扮。"领头的宫奴带着骄傲和鄙视的神情对范蠡说。

范蠡不动声色，只是对他微微点了点头，就示意手下去把越女们带来。

西施红颜素服，一身越地打扮。吴

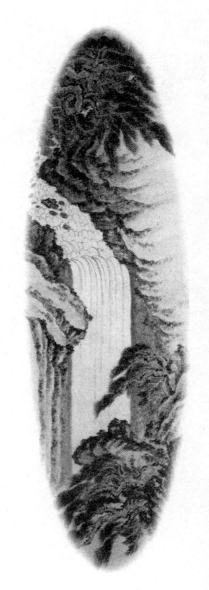

国宫女们带来了龙凤宝镜和锦缎吴服，请她梳妆更衣。一听说叫她换成吴国妆容，西施突然觉得十分委屈，内心的酸楚突然涌上心头，不禁颦眉摇头说："龙凤宝镜难照我西施容貌，我要故乡的清清流水为我照镜，故乡的青青树叶为我梳妆。"

宫女们你看我，我看你，面面相觑，一时为难，上哪儿去找这清清流水和青青树叶呢？

这时，神奇的事出现了。只见从那山上走来一位拄着龙头拐杖，仙风道骨，白发银须的老者，他缓步走到西施面前，深深一揖说："姑娘，恕我送行来迟，我已替你带来了故乡的清清流水和青青树叶。"

说罢，举起龙头拐杖向山下一指，只见一泓澄澈的湖水，清盈盈，亮晶晶，平静如镜；环湖四周，杨柳吐翠，桃花含苞。

西施被眼前出现的美景惊呆了，但仍没忘记对那神仙似的老人道谢："多谢仙人，知我西施一片乡心。"

缓步下山，跪在湖边，望着一湖故乡的清水，双眉颦蹙，泪如泉涌。泪水流进湖里，湖水立刻变得碧蓝碧蓝，如绸缎一般。泪水洒在桃树、柳树上，千树柳枝，好似被西施悲切的离情打动了心，柳丝如串串珠泪下垂；千树桃花，也像被西施深切的乡情打动了心，纷纷扬扬地直往下落，飘在湖面上，如同是在和西施挥泪告别。

望着千树桃柳，拂着满湖清水，西施噙着泪珠，喃喃低语："我要走了，我多想我的身影永远留在家乡的湖水里，可是不行啊，马上就见不到了。"

白胡子老人突然说："西施姑娘，相信我，你美丽的身影，将使我钱塘湖千古生色！"说完，就见他渐渐向湖中隐去，不消片刻，就无影无踪。

西施有些恍惚地向身后望去，发现其他人都在各忙各的，并没有觉察到刚刚发生了什么奇怪的事，不由觉得很是神奇，当然还有一丝骄傲。

传说那位仙风道骨的老人竟是钱塘龙君，特地率领水国百族来为西施送行。从此，钱塘湖又被称为西湖，在桃红柳绿、风和日丽的日子，湖中常常会隐隐现出西施美丽的身影。

北宋年间，大诗人苏东坡来杭州做太守，一天雨后初晴，他酣饮湖水，不觉诗兴大发，刚吟出"水光潋滟晴方好，山色空蒙雨亦奇"两句，一时找不到恰当的句子，醉眼蒙眬中，突然一阵暖风吹过，碧蓝的湖水，微波间闪起粼粼金光，映出了西施妩媚的容貌。苏东坡不禁赞道"好美的西施！好美的西施！"于是吟出了"欲把西湖比西子，淡妆浓抹总相宜"的千古名句。从此这钱塘湖带上了西子湖的美名，名扬四海。

当然，这些都是后话。

西施终于在宫女的帮助下完成了装扮。上妆后的两只明眸更大更亮，双眸顾盼，眉间无限风情，光润玉颜，玉骨冰肌，双颊浅染薄花色，风情绝代。融合了水的柔美，又不失火的热烈。纤腰不盈一握，弱柳扶风般的身姿，让人忍不住要将其揽入怀中。只那淡淡一笑，足以倾倒众生。

为她装扮的宫女看着镜中摇曳的美人，不禁心中暗叹：这区区败国之女，竟有如此惊人的美貌。这姿貌任凭是女子见了也要心动，更莫说男子。

西施并未发觉宫女的不对劲，直接掀开车窗上的彩帘，对外面的一个小侍卫说，"我已经梳妆好，可以起程了。"

那小侍卫目瞪口呆地望着西施，天啊，从来没见过这么美的人，是仙女吗？他竟然不自觉地低呼了出来，听到此言的其他侍卫也寻声望来，所有人都忘记了手中的动作，争睹美人芳容。

似曾相识的场面，西施不自觉间的浅靥轻笑绽露出来，倾国倾城。

放下窗帘，片刻之后，传来出发的旨令。

（二）大殿争锋

气宇轩昂的吴王夫差坐在大殿之上，两侧坐着文武百官，相国伍子胥与太宰伯嚭靠近吴王相对而坐。

西施看向吴王，一个极具帝王气质的男子，华丽得扎眼，却冰冷得煞人。如同一尊雕刻了千年的冰雕，冷静地坐在大殿上，冷静地绽放。看得出来，岁月在这个男人身上沉淀出的，只有雍容的气度与绝伦的风采。

范蠡沉着地宣读贡辞：

"东海降臣勾践，感念大王不杀之恩，不能亲率妻妾服侍左右。遍搜境内，

得善歌舞者数人，送入吴宫，以供大王
差遣。"

　　此时的夫差刚刚从攻打齐国的战场
凯旋，放眼东周列国，吴国国势正如日
中天。对于衷心臣服于他的越王还算满
意。

　　他得意的笑声在大殿响起，殿上的
百官们似乎消失了，无声无息。那股傲气
像是在炫耀，宣布整个世界存在着的就
只有他的笑声，和那双骄傲的眸子。

　　范蠡示意身着吴国宫装的西施等美
人向吴王款款施礼。

　　"奴婢拜见大王。"

　　吴王望向殿上的美人们，个个身形

窈窕，面如桃花。其中一女尤为突出，柳叶弯眉，明眸皓齿，一个浅颦轻笑绽露，倾倒众生。

仿佛有一些微弱的光芒从这女子的身上散发开来，是那种在浓厚得如同海水一样的夜色里发出微波的光晕，她恭敬却不卑微地施礼，让人觉得总有一天她会在所有人的目光里光芒万丈。

夫差看到的女子正是西施。

满朝文武也被这些美人们迷住了神魂，都痴望着她们，禁不住心倾神驰。只有相国伍子胥依然冷眼旁观，洞察一切。

夫差淡然地说道："勾践得此美女不自用，而进贡于孤王，确实忠心与吴！"

伍子胥闻言突然跪倒，厉声喝道："大

王，万万不可！"

"大王，自古以来，红颜祸水！夏桀因妹喜亡国，纣王因妲己亡国，幽王因褒姒亡国，如此教训，大王岂能视而不见？"

"如此说来，爱卿认为孤王会因这几个美人亡国吗？"

"微臣不敢。臣只是……"

"哼！笑话！什么红颜祸水！都是些无能的人才用的托辞！想我堂堂吴国，怎会毁于几个女人手里！"

"吾王圣明！"太宰伯嚭也叩拜道。

"臣恭贺吾王天降双喜！"伯嚭适时奉承着。

"何谓双喜？"

"回王上，一喜吾王凯旋，统一霸业指日可待；二喜勾践忠心，越女花容月貌，秀色可餐。"

"大王，万万不可啊！"伍子胥连声喊道。

"相国，您这话就不对了！"伯嚭不紧不慢地回击着伍子胥，"想我大王当日欲北上伐齐，您就全力阻拦，而今我王兵不血刃就臣服了齐国，让相邻的晋国也大为恐慌。现在眼看我吴国称霸在望，相国竟然又妄言亡国，真不知您是何居心！"

"你！"伍子胥气得长须颤抖，手指西施她们和伯嚭："有尔等祸水和小人，我吴国后患无穷，亡国有日。先王有知，难以瞑目啊！"说完便拂袖而去。

伍子胥，果然不可小觑，范蠡想。

当初吴国太子病逝，先王来不及立储，就在吴越交战中中箭身亡。临终前，把选立新君的重任交给了伍子胥。当时，吴国二王子王僚战功显著，手握重兵，实力雄厚，登位称王的呼声也最高。但是王僚生性暴戾，令伍子胥举棋不定。夫差看准了时机，知道要想当王最后还是伍子胥说了算，于是就前去相国府，讲述自己宏伟蓝图，雄心大志，最后赢得了伍子胥的认可。

伍子胥授计夫差，在家宴请王僚。酒过三巡，小厮端上一条油炸整鱼。王僚并无他想，只觉得鱼香扑鼻，正要举箸品尝，不料夫差从鱼肚里抽出一柄短剑，直刺其心窝。王僚的手下拔刀出剑，殊不知夫差的伏兵早就严阵以待。

就在这剑拔弩张之时，伍子胥从容地走出来，宣布夫差就是吴国的新王。

伍子胥助夫差夺得王位，而且受阖闾之托，辅佐新王安邦定国，夫差现在根本离不开他。而且此人老谋深算，耳目众多，不得不防。

伍子胥，你才是我越国最大的敌人。

范蠡不禁有些后怕，幸亏入宫前，他曾带着一批财物拜访太宰伯嚭，否则后果还真是不堪设想。

吴国太宰伯嚭是个贪佞小人，十分擅长逢迎夫差。当年，就是因为伯嚭受

范蠡重金贿赂，在朝堂上与伍子胥针锋相对，力荐夫差要宽大为怀，勾践才得以回国。如今，范蠡故技重施，伯嚭拿人手短，自然帮着范蠡说话。

吴王夫差果然久经沙场，面对此景并未生气。只是对下面一干人等叹了句：相国老矣！

随后，颇具帝王风范的对范蠡道："范大人一路辛苦了，回去告诉勾践，孤王谢谢他了！"

"罪臣遵旨。"叩拜之后，范蠡转身走出了大殿。

他不敢望向西施，他怕他会不顾一切地把她抢走。

当西施回过头去寻找范蠡时，大殿上已经不见他的踪影。

仿佛一块巨石压在心里，硬生生地在内心积压起绝望的情绪，像刻刀一样，在心脏上深深浅浅来来回回地切割着，血肉模糊。

（三）西施染病

自从那日大殿上见过吴王之后，西施就没再见过他。三个月来，西施过得很清净。她很喜欢这种生活，没人打扰。弹弹琴，绣绣花，看着蓝蓝的天空，听着鸟儿的吟唱，她有时想，能够一直这样清净，未尝不是一件好事。

每天站在那里，看着太阳升起来然后再茫然地落下去，就这样静静地等着范蠡，真的很好。

可是西施并不知道，如此平静的生活，却被她与吴王夫差的一次不期而遇

范 蠡

彻底打破。

早春的阳光透过朵朵白云，轻轻地洒向地面。

鸟群匆忙地在天空飞过，划出一道一道透明的痕迹，高高地贴在湛蓝的天壁上。

匆忙到来的春天，忘记了把温暖和希望一起带来。

这天傍晚，西施独自在御花园散步。她知道，这个时间，花园通常是没有人的。主子们都在用膳，奴才们正忙着伺候。

暮色烟光的残照里，一抹幽香若有似无地飘散，香径尽头的幽柏浓荫下隐约透出一角白色缕衣。西施站在竹桥上，雪柳般的腰身轻倚栏杆，绘花团扇轻轻摇晃，滑落下些许宽大的衣袖，露出一截皓腕，凝视远方的眸光，温情脉脉，又带着一丝忧伤。

正要去郑旦宫里用膳的夫差，被桥上那清丽的倩影吸引住，不知不觉地向她走了过去。

西施听到身后的脚步声，刚一转头，一眼撞进一双邪媚上翘的丹凤眼里，飞剑入鬓眉，拢秀俊挺鼻，深刻的人中，殷红薄情唇，光洁微褐的皮肤，下巴骄傲地略微上翘，仿佛在向人昭示不容触犯的皇室威严。

"西施，拜见大王。"温润的声音在天空萦绕。

"免礼。"

吴王伸手扶起西施，夕阳罩在她身上，发出浅浅淡淡的光晕，那股娴静淡然把人震慑透底。

"这么晚了，爱妃可用过晚膳？"吴王很平静地对西施说，好像他们已经认识了很久。

"谢大王关心，臣妾已经……"

心口突然一阵绞痛，西施来不及把话说完，只用手捂住胸口，频频蹙眉。

"你怎么了？"吴王见状，有些不知

所措的惊慌。

"大王……没事……老毛病……"西施痛得话不成句，额头也沁出细密的汗水，刚要再张口说话，一阵强烈的绞痛，使她直接昏厥了过去。

吴王连忙令身后的小厮去叫太医，自己抱起西施向她寝宫走去。

西施宫里的奴婢们第一次见大王亲临，一个个慌慌张张地跪下行礼，吴王哪还管得了那么多，气急败坏地喊着："快去叫太医！"

轻轻地把怀里的人儿放在床上，此时的西施疼得紧蹙着眉头，冷汗顺着脸颊往下流淌。不一会儿，一群奴婢簇拥着太医匆忙地赶了进来。

诊脉，开方，熬药，喂药……

一阵手忙脚乱，总算把西施安顿好。吴王不禁长舒一口气，似乎打仗也没这么慌乱过呢。

他低头望着床上的西施，面颊潮红，

娇喘微微，十分惹人爱怜。他突然发现，西施的姿色凌驾宫里所有女人之上，也包括那个最近得宠的郑旦。

心里有些懊悔，如此美人竟然被遗忘这么久，还好今天被他撞见了，不然她一个人在花园里病倒，后果真是……夫差想着，心底竟泛起一丝心疼。

看着西施呼吸渐渐平稳，夫差才起驾回自己寝宫歇息。只是当晚，他没再找其他妃嫔侍寝。

西施就这样一直昏昏沉沉睡了几天。吴王每日下朝，都要过来探望，赶上吃药时间，还会亲自喂药给西施。

"你醒了。"西施慢慢地张开眼，又很快地闭上。房间里过于明亮的阳光刺得她流泪。

窗子被体贴的关上，光线变得柔和。她睁开眼，昏昏沉沉的，什么也看不清。

有人把她的头垫高，一勺一勺地喂她东西，动作轻缓温柔。

然后她又开始昏睡。就这样睡睡醒醒的不知多久，只隐约记得总有一个带着清凉香气的人温柔地喂她汤药。

（四）施计借粮

西施这一病，足足有一个月之久。这一个月里，越国已经开始为大反攻做准备，西施的病帮了勾践很大的忙。

由于牵挂着西施的病情，尤其是几日过去，西施的病仍不见好转，夫差心情极为烦乱。上朝议事时常常心不在焉，臣下们的禀报也听不进去。每次大臣禀报完，他才回过神，让重新再报一遍。反反复复终于清楚了所议何事，裁夺时也多有偏颇。

　　吴国宫里发生的这些微妙的变化，都被越国探子汇报给了越王勾践。勾践获悉，十分高兴，范蠡的美人计，终于发挥作用了。可是范蠡得知西施卧病吴宫的消息，心中立刻焦急万分。

　　谋臣文种觉得这是个反击好时机，于是对越王勾践献策："越女入吴只能蛊惑夫差，却并未损其国力。如今我国正值水涝灾害时期，可以借水灾为由，向吴国借调粮食，以损其军备，届时，吴国外强中干，我越军方可乘虚而入。"

　　勾践点头称道："爱卿，好计策。"

　　范蠡主动请缨，入吴借粮。

　　范蠡一路风尘仆仆地赶到吴国，可是吴宫深似海，别说是亲自探视，连关

切之情都无法传给西施。

　　暮色四合。天空上有模糊不清的云慢慢移动，在地上投出更加模糊不堪的影子。

　　范蠡此时的心情落到谷底。借粮的事被伍子胥识破，在大殿上力阻夫差，虽说伯嚭受贿为范蠡说话，但是仍被伍子胥义正词严地压制下去。夫差也权衡了很久，但是想到诸侯会盟正在酝酿之中，一旦有诸侯起兵，吴军必要兴兵讨伐，粮草万万不可短缺，于是也婉拒了范蠡的请求。

　　范蠡突然觉得自己很落魄，于是他做出了让所有人瞠目的举动。

　　他从驿馆搬了出来，换上褴褛衣衫，一连几日混迹姑苏街市，一边乞讨，一边向路人讲述越国灾情，半月下来，已是面黄肌瘦。

　　姑苏城里人们开始议论纷纷，连堂堂大夫出使都如此缺钱少粮，越国的百姓真是不知道要怎么活下去了。

传言就这样在姑苏城里飞快地流传开来，当然也流进了吴国王宫。

西施在奴婢们的交头接耳，窃窃私语中，终于了解到日夜思念的人原来已经来到自己的身边。可是她知道，他们不可能见面，于是唤来宫人，把她亲自做的蝴蝶纸鸢放飞。

自从到了吴国，范蠡经常会不自觉地望向王宫。西施，你要快点好起来。

一片云彩，摇摇晃晃地飘向范蠡。

那一瞬，笑容凝固在脸上。青草迅速蔓延覆盖着荒芜的山脉。

那一瞬，笑容换了弧度。忧伤覆盖上面容，潮水肆意地翻涌。

那一瞬，泪水如破堤洪水漫上脸庞。往事如狂风暴雨从记忆里席卷而过。

蝴蝶纸鸢，那是在越国宫中受训时，西施和范蠡唯一做过的纸鸢图案。

翩翩起舞，双宿双飞。

范蠡用自己的手帕包起一块石头，当夜，就找到潜在吴国的探子，把信物送给西施。"我心非石，不可转也。"这是流传在中原的爱情寓言，西施怎会不知。

西施看着手里的锦帕和石头，心里安静无声。像是有一块巨大的屏障，驱赶了所有的喧哗。

内心深处，一些很柔软的东西慢慢地苏醒了。那条记忆里安静的河，河面打着转的落叶，顺着河水漂到下游。

西施不禁会心地笑了，把那帕子紧紧贴在胸口，无论怎样，那帕子上的味道，是谁都模仿不来的。

心情好了，病情也渐渐好转。

范蠡整日流落街头的传言，终于传到了吴王夫差的耳朵里。闻知传言的吴王大为光火，立即召唤了范蠡。

貌似落魄的范蠡冷静地站在大殿上，面无惧色。

"孤王已经告知你无粮可借，为何还在吴国滞留不归？"

"范蠡知罪。可是殿下，范蠡两手空空，无颜面对家乡挨饿的灾民啊！"

"即使如此，你又为何不住驿馆，而且还流落街头，惹起留言，坏我吴国声威？"

范蠡闻言，赶紧跪请吴王，"殿下明鉴，范蠡实无此意。只是此时家乡的百姓正处于水火之中，身为大夫，范蠡怎能独享食宿？"

吴王一时无言。

伍子胥见范蠡巧言善辩，且吴王又难分真假，不由得又急又怒："勾践那厮

居心叵测，大王绝不可以借粮给他！"

面对伍子胥的为难，范蠡并未慌张，稳稳地回禀：

"吴王殿下，据范蠡所知，贵国正召集诸侯各国会盟姑苏。各诸侯国愿意同吴国结盟，正是因为吴王您胸怀天下的非凡气度，和扶弱济危的高尚品行。我越国自臣服贵国以来，年年进贡，岁岁朝贺，忠诚之心，日月可鉴。现如今，若不是我越国不幸遭遇水旱灾害，粮食颗粒无收，臣万万不会来贵国借粮。贵国若能出手援助，帮我越国百姓逃过一劫，这也是展现吴国大国风范的机会，相信对号召天下诸侯会盟也会有帮助。还请大王三思！"

句句在理，字字珠玑。

吴王不禁感叹，区区败国之臣，竟然能如此淡然稳健地在吴宫大殿慷慨陈词，更难得的是他的那份赤胆忠心。

吴王找不出合适的理由拒绝范蠡，

于是，当即派太宰伯嚭负责处理越国借粮
一事。

伍子胥见大局已定，仰天长叹："灭吴者，
越国也！"说完，又拂袖而去，只是，大殿
上竟无人理会。

范蠡带着借来的粮食满载而归。临行
前，他手里拿着西施送他的麦草扇，在吴国
宫外站了很久。

阳光斜斜地穿过街道，带着春天独有
的如同被海水洗过的透彻，成束的光线从
刚刚下过暴雨的厚云层里射出来。

运粮的车队浩浩荡荡地回到了越国，
沿途向饥民发放救灾粮，百姓们都欢呼不
已。勾践对范蠡成功完成任务十分满意。
文种发现除了运往灾区的粮食，竟然还剩下
很多余粮，于是将其库存起来，充作越军
粮草，只待时机成熟，即可作为伐吴之用。
只是此时的文种并未料到，这些余粮的作
用远远比他想象的要大。

四、吴王纵情

（一）霸王情殇

吴王自从登上王位之后，他的宏图大业可谓是如日中天。先是南下臣服越国，紧接着北上扫平齐鲁，西边的楚国一蹶不振，中原的晋国也是苟延残喘，西北的秦国此时也根本看不出什么气候。这个即将征服天下的男人，全身都被空前的成就感充斥着，似乎没有什么是他得不到的。

身形流转，彩带翻飞，时而轻快如蝶，时而柔曼如柳。

面前的郑旦投入地为吴王舞蹈。

吴王倚靠软榻上，浅斟低酌地自斟自饮，似乎一切阳光都凝集在他身上，发出浅浅淡淡的光晕，世间的韶华光彩似乎都是属于他一般。不需强求，低眉信手间，天下运筹于股掌。

只是此时的他有些心不在焉，看着眼前飞舞的郑旦，心里却惦念着别人。

敏感的郑旦怎会察觉不出吴王的变化，忙对王说："殿下，让郑旦为您抚琴一曲可好？"

吴王点了下头。

想当初，吴王夫差就是被她的琴声吸引来的。十指灵动翻飞，琴声缓缓流淌，仿佛能流进人心里去。当时的吴王，看着临窗弹奏的郑旦，如醉如痴，他没想到一个女子的琴声竟然如此荡气回肠，摄人心魄。

郑旦款款地走到琴边，轻舒广袖，纤指拨动了琴弦。

阳光倾洒，百花嫣然，玉人抚琴曼歌。

歌声低回婉转缠绵无限。辞工虽浅白却动人，曲调甜美又不乏清丽。像一阵清风，吹进人心底深处，唤起那些最美好的时光。

"爱妃的琴艺又进步了。

"谢殿下夸奖。"

妩媚热情的郑旦，恰到好处地迎合了吴王高傲的心，一个雄霸天下的男人，理所应当在美人的温柔中得到放松。

可是，虽然美人在怀，为什么脑海里总是浮现那抹清丽孤独的身影？

西施患病期间，郑旦也时常去探望，从前的姐妹，如今共侍一主，二人之间似乎也产生了微妙的变化。

吴王下朝探望西施时，也常会碰到郑旦。他对这样的局面非常满意。同时拥有两个如此绝色的女子，称霸天下的梦想也有了眉目，美人与江山，大丈夫拼其一生的追求，他夫差就这样轻而易举地全部囊括在怀。

只是，西施对自己总是恭恭敬敬的，言语之间总是透着一种疏远，完全没有郑旦看自己时那种妩媚与热情。在西施明亮的眼睛里，总有一丝淡淡的哀伤，仿佛隔离了所有的感情和与这世界的联系，让吴王几乎觉得她的面目模糊起来，要融化到遥远的天边，让人禁不住要伸手抚摸她的脸庞，想掀开那层疏离的面纱。

这让吴王也觉得很无力，有受到冷落的感觉。

（二）取悦吴王

当白昼不断地提前，黑夜不断地缩短的时候，西施知道，又开始了一个漫长的夏天。

残阳斜照，大敞着的雕窗，透出斑斑驳驳的婆娑光线，下午的阳光就这样暖暖洒进屋来。

久病初愈的西施慵懒地靠在软榻上，光线从窗外缓缓地切割过去，变幻着天光和温度。

日暮之后，没有点蜡烛的房间，显得一片昏暗。在这些庞大的黑暗里面，西施想通了一件事。

她必须要好好地活着，只有活着，才能再与范蠡相见。

就算心里拥挤着再多的苦难，也要

坚强勇敢地活下去。就像墙根下石缝里的杂草，无论别人如何压迫，如何践踏，都会在艰难的缝隙里伸展出新的枝节。

她不会再消极，也不会再抵触吴王的关怀，因为这样，才是在帮助范蠡。能为他做的，她一定会竭尽全力。

就是这样想着，告诫着自己。

不然生命就会无望又漫长。漫长到可以把人活下去的力量全部吞噬干净。

她想通了，心情也大为不同，连为西施梳妆的婢女也突然发现，西施娘娘像到了花期的花，一夜之间就盛放了。

柔弱倾城的容貌，却燃烧着一种说不出来的力量。

这天，吴王下朝后，又来探望西施，一进院子，就被眼前的景象迷住了。

西施正站在树下。纯白色的长裙，白得几乎接近纯净的地步，似乎有无数柔和的光晕笼罩在她的白色长袍上面，泛出无限纯净的白光。

黑色的长发，随着围绕在她身边的风四散开来。

柳叶样的弯眉，星辰般的眼睛，若隐若现的甜美笑容。

那个笑容挂在她完美到几乎没有瑕疵的脸上，显得格外的神秘而诱惑。

瓣瓣飞舞的落花，旋转着粘到西施的头发上，嫣红淡粉在徐徐的清风中瑟瑟颤抖，把阳光下清瘦的侧脸装点得格外妖娆。

空气中弥漫着浓郁的香气。

非常的明显，可是却又很清淡。是从西施身上散发出来的，莲花般的清香。

夫差看呆了，无限的柔情从他的心底里涌出，轻轻抬起手，拣去粘在西施黑发上的桃花瓣。

西施微微抬起头，一反常态地对吴王说，"殿下，今天天气很好，西施陪您去花园里转转吧。"

第一次。这是西施第一次主动对吴

王提出请求。

一抹笑意噙上吴王的嘴角，像是最温柔的春风掠过一般，整张脸都是动人的柔光。

他说："好啊，那我就陪爱妃去逛逛吧。"

这也是吴王第一次对西施称"我"。

天蓝得很干净，水洗过一般，青草在阳光的照耀下显得生机勃勃。

凤鸟尾翼一般迤逦的枝丫上开着绚丽极致的花，铺天盖地怒放，春雨拂落一地的丹蔻芝华，美得那样张扬肆意。

凤凰花在这个夏天终于灿烂地盛开着，烧红了整个御花园。

西施与吴王静静地并肩站在花间小径上，西施忽然仰起脸，笑着对吴王说："殿下，西施为您跳支舞吧。"然后就径直向花间走去。

此刻的西施站在万花丛中，身材曼妙，腰肢柔软，万种风情。

吴王再次被西施震撼。

游荡随风，化为轻絮，舞者呢喃轻语，微笑盈满了眉眼。

一袭白色的身影愈旋愈快，似要飞天的仙子，与漫天飞舞的花瓣融为一体，长长的水袖之下，眼眸如水，静静地等待，如花的绽放，像黑夜含羞的睡莲……

舞终，而此刻，谁也不愿意醒来。

桃柳轻风，夕阳横斜。霸王佳人。

（三）西施醉李

夫差义无反顾地迷恋上了西施。夏日炎炎，各地又不断有贡品送来。为了搏美人一笑，每次的贡品让西施先行挑选。为表忠心，越国向吴王进贡了一批李子，夫差听说后，马上命宫女将这些李子送给西施品尝。

西施听说这是故国送来的李子，不禁触物生情，回忆起春天与范蠡漫游李

园的情景。

青山绿水，鸟鸣风清，一阵阵禽鸣此起彼伏，吵闹着整片布满李树的山川，一个世界。

昔日才子佳人，如今天各一方。

心情一时烦乱，品尝李子的心情全然消失。

吴王走进宫时，见宫女送来的李子，还原封不动地放在几案上，有些疑惑："爱妃，这样好的贡果，为何不尝？"

"这李子采下来太久了，味道已经不鲜美了。"

"这样吗？那我命他们立即贡来一些新鲜李子！"吴王说着即欲传旨。

西施摇摇手道："两地相距遥远，路中耽搁难以保鲜。殿下，西施想去李园亲自采摘品尝。"见西施要出游品李，吴王毫不犹豫地满口应从。毕竟她很少对他提要求，所以能做到的，他一定全力以赴。于是兴师动众，选派一批宫女，吴王亲自陪西施前往李园。

槜李城，吴国与越国交界之地。越国被吴国打败之后，越王勾践退居会稽，此地也就成了吴国的地界。

西施来到槜李城，回到故国乡土，心情也变得十分舒畅。

城里城外，李树连片成行，树头缀满殷红的李子，景色优美动人。西施在一群宫女的簇拥下，信步来到李园。那成熟的李子，青里透红，密缀黄点，外披白粉，散发着诱人的香味。

一片深深浅浅的绿荫中，清秀美丽的少女穿梭于树荫之间，举手投足间，透出一种别样的欢快活泼。

吴王看着西施，一抹微笑噙上唇边，很少见她这么高兴。

西施随手采下一颗，用指甲在李子顶部轻轻一掐，顿时果汁横溢，香气入鼻。放到嘴边一吸，李汁犹如甜酒。熟悉的味道，让西施迷恋不已。接连吃了好多颗，结果，竟被那李子醉倒了。

西施不知道，从她去过李园之后，人们就给这里的李子取名为"醉李"。因"醉"与"檇"同音，且这座城池名檇李，后来人们就把这里的李子称为"檇李"。

最奇怪的是，自从西施来过李园以后，这里长出的檇李，果子顶部都有一条形似爪痕的瘢纹。人们都说，这是西施吃檇李时留下的指甲印，称它为"西施爪痕"，从此流传千古，引为美谈。后来清朝朱竹垞太史曾在"鸳湖濯歌"中写道："闻说西施曾一掐，至今颗颗爪痕添。"

当然，这都是后话了。

马车上，吴王怀里躺着被李子醉倒

的西施。

她就那样安安静静地睡着。像一朵漂浮在水面上的莲，洁白美丽的脸上泛着小小的光晕，有一种莫名的不真实感。

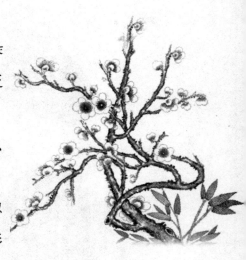

吴王看着那睡颜，忽然有一种什么东西在心里胀动了一下。眼睛微微闭起来，细小的光芒在他狭长的眼睛里游走，忽隐忽现。吴王轻轻笑着，低低的磁音形成一股神秘的旋涡。

吴王对西施的迷恋，对西施的宠爱，在这个夏天，在丰沛的雨季里，正缓慢而蓬勃地朝着天空拔节。

夕阳西下，斜阳的余晖将马车的阴影拉得极长。

漫长的官道，华丽的马车。

山河依旧，物是人非。

等待，是最漫长的绝望；绝望，是最漫长的等待。

五、甜蜜陷阱

（一）厌倦旧宫

吴王对西施的宠爱与日俱增，日子久了，渐渐引起郑旦的不满。

每当吴王走进郑旦寝宫时，总是看她慵懒地躺在床上，见吴王进来，就翻身背对着他。开始几次，吴王还感念郑旦对他的一往情深，并未把懊恼表现出来，当然，也没有那么多温言软语。

但是，一个人的耐心是有限的，尤

其是夫差这种从来都是高高在上的人，没那么多闲工夫跟她耗，特别是此时西施已经慢慢走进他的心。所以，当郑旦又一次对吴王摆出冷淡态度时，高傲的吴王彻底被激怒了。他对于郑旦的行为没做任何指责，只是，从那之后，他再也没进过郑旦的寝宫。

自古宫廷皆如此，但见新人笑，哪闻旧人哭。

吴王称霸的大业也在顺利地进行着。一日，出使商丘的使节回到姑苏，周天子请使者转达对吴王的问候。天子年事已高，龙体常年欠安。天子对吴国扶弱济危安天下的功德给予了充分的肯定，对诸侯会盟的事情就不亲自过问了。吴王十分满意周天子这样的回复，周天子完全授权，今后吴国便可挟天子之威，遍令天下诸侯。

这样的结果，是吴王夫差意料之中的。自从平王迁都商丘以来，天子面对势力雄厚的诸侯，就已经力不从心。从最初的齐桓公，到晋文公，到楚庄王，没人将天子放在眼里。诸侯会盟搞了很多次，天子出席会盟，不过是让霸主们更加觉得理直气壮而已。几次三番如此，周天子早已经烦不胜烦，干脆任凭霸主们折腾，自己只管颐养天年。

吴王即将成为天下最有权势的男人，站在顶端，藐视一切。

反正朝中没有什么大事，诸侯会盟机会也是板上钉钉。吴王开始把所有心思都放在西施身上，自西施打开心结之后，也开始渐渐不再抵触吴王的柔情蜜

意，二人尽情把酒言欢，日日笙歌。

"西施，为我弹支曲子吧。"不知从何开始，吴王对西施只用"你我"称呼了。

"大王想听什么？"西施微笑着问。

"什么都好。"只要是你弹的。

西施轻轻落座在琴前。

手触琴身，竟似情人爱语般温柔。

活泼的旋律，清澈的泛音，堆出层峦叠翠，幽涧滴泉的奇境，不知不觉溪涧蜿蜒婉转，化冰成水、融雪为泥……

几根素弦揉得光影流转、生机盎然，仿佛水流无怠、山石自在。

吴王定定地看着西施，有如被施了法术一般，碰上佳人从琴中抬起的美眸，目光相撞，一抹不易察觉的微笑浮上西施的嘴角。

玉手轻挑，曲子突然变得声势浩大，气魄恢弘，好似身处涛声水幕倾泻之间，水气扑面，只得屏息以对……

心如流水，那一刻仿佛时间都停滞

不前。

直到乐曲临近结束，音势已减，恰如奔腾的江水终于汇入大海，恰如秋雨骤停，梨花满树……

一切归于平静，归于自然……

吴王移不开自己的眼睛，他的眼和心随着她的一颦一笑而动，她的阳光般的微笑，散发着七彩的光芒。

委婉的旋律深深地温暖了他的心，心中的千年冰峰"喀喀喀"地裂开了，化成了温柔的溪水，流淌在心间传遍了全身，潺潺的，舒缓的，荡起了一圈又一圈的涟漪……

一曲终了，四目相对，眸光迷离……

吴王心安理得地沉溺与西施的缠绵，三五日不上朝听政已是家常便饭，尽管伍子胥忧心忡忡，可是也于事无补。伯嚭这种奸臣更是抓住了这个时机，凭借花言巧语，频繁跟吴王接触。吴王懒得上朝，但仍有国事需要处理，于是就特

许伯嚭可以出入西施寝宫，以传达政令。

一时间，伯嚭成了吴王与众臣之间的沟通纽带，百官有事上奏，见不到吴王只得找伯嚭；伯嚭代吴王发布政令，大臣们只能不折不扣地去执行。伯嚭突然成了一人之下万人之上的风云人物。在这种形势下，刚直的伍子胥曲高和寡，尽管还是相国，但几乎没有什么影响力，只是空有一个头衔而已。

高傲的吴王日复一日地面对西施寝宫单调的景色，他终于还是厌倦了。

太宰伯嚭一向善于察言观色，他了解到吴王的苦恼，于是开始为大王出谋划策。

"大王，臣这有一个小礼物献给大王。"伯嚭谄媚地说道。

"呈上来吧。"吴王慵懒地说。

礼物装在一只巨大木箱里，有几个侍从抬着木箱进了屋。吴王命人打开木箱，呈现在眼前的竟是一座宫殿的微缩模型。模型的制作十分精巧细致，雕梁画栋，亭台楼阁，都清晰可见。

"大王，这栋宫殿名叫馆娃宫，臣将它选址于东郊太湖之畔，这样一来，大王就可夜夜枕浪而眠，颇有情趣。"

"爱卿的想法听起来不错啊！"

"大王，这座宫殿还有更出奇的特点，就是这座宫殿中设有响屟廊。"

"何为响屟廊？"

"大王，这响屟廊是由薄木地板覆盖数十只陶缸而成，若是西施娘娘脚踩木屟在长廊上起舞，木屟轻叩地板，声音在木板下的陶缸里辗转传出，就会成为美妙动人的音乐。"

"好！爱卿有心了！孤王这就令你全权负责这馆娃宫的建造工程。"

"微臣遵旨。"

伯嚭得到吴王授权的那天起，吴国国库就向伯嚭敞开了大门。他肆意地提取钱币，打着建馆娃宫的名号，不知有多少老百姓的血汗钱都流进了他太宰府。

（二）巨木计划

馆娃宫的建造工程，在吴王一声令下中如火如荼地进行着。一时间，全国各地的能工巧匠都汇聚在姑苏东郊的太湖之畔，石料沙土源源不断地运来。

在东山，伯嚭特意开凿出一巨大的火窑，窑火日夜照天烧，就地赶制红泥砖瓦。所有赶工的工匠，每餐必食太湖之鱼，以至于在工程结束之时，太湖湖畔已经再难见到鱼儿的踪影。

馆娃宫的建造工程十分浩大，工程

需要大批巨木。伯嚭发动全国的樵夫，重金收购所有百年以上的参天大木。可是，所购巨木，木质疏松，韧性不足，根本不能作为栋梁之用。眼看工期紧逼，伯嚭急得如热锅上的蚂蚁，完全没有头绪。

吴国要大兴土木的消息很快就传到了越国。越国大夫范蠡，再一次敏锐地捕捉到了反击吴国的机会。

"大王，微臣认为，吴国大兴土木必然会掏空国库，势必国力大损。现在的吴国表面上无限风光，但实际上，吴国这些年在南征北战中，已经元气大伤。夫差那厮为了谋求霸主地位，四方树敌，遗患无穷。此番大兴土木，更是自取灭亡。我越国不如助他一臂之力，给他提供上等良木，使其建造工程顺利进行。"范蠡沉稳地分析道。

越王勾践闻言，点头称赞道："爱卿，这是个好办法。我越国西南山区，良木

众多。文种，你负责组织人马，进山采伐。"

"大王，微臣觉得此事还有不妥之处。范大人的主意虽然不错，但是实施起来难度颇大。给吴国提供良木，的确可以有损吴国国力，但是采伐大批良木需要大量的人力，而且由越入吴，路途遥远，计算下来也是一笔庞大的开支。到时只怕吴国国力未损，我越国国力先受损了。"文种忧心忡忡地说道。

范蠡听了文种的话，一丝不易察觉的微笑噙上嘴角，淡定稳重地说："文种大人不用担心。负责此次工程的是吴国

太宰伯嚭，这个人与我越国关系非同一般，何况他现在正为良木紧缺的难题所困扰，咱们提供良木为其解决问题，除去良木本身的价钱，和采伐运输的费用，适当的抬高木材的价格，相信他定会答应。这样一来，微臣预计，我国的国库库银可因此翻上一番。"

勾践显然有些喜出望外："范大人，这可真是妙计啊！跟伯嚭交涉这件事，还是要你费心去办妥啊。"

"微臣遵旨。"

范蠡领旨后，迫不及待地起程，马

车又一次经过那片李子果园，满眼的郁郁葱葱，一阵阵果香扑鼻而来。仿佛又看见那抹清丽的身影在林中起舞，再一转眼，又只剩下一片幽深的李林。

那些往事，全部从内心深处翻涌起来，感觉发生微妙的变化，像是时光突然倒流，一切逆转着回归原始。那个久远的夏天，那片茂盛的李园，那些曾经以为早被遗忘的事情，在这一刻又全部从记忆里被拉扯出来。像是一幅放旧了的画卷，映出一个熟悉而又陌生的世界。

轻风拂过，纷飞零落的树叶竟有一种说不出的沧桑与悲凉。

范蠡日夜兼程马不停蹄地赶到姑苏太宰府。

范蠡大致地表达了来意，伯嚭得知范蠡雪中送炭，不由得心花怒放。交易商榷很快得到双方一致认可，伯嚭根本也搞不清楚，一根巨木由越入吴的真实价钱，况且花的是国库的银两，结果价格定的比范蠡想的还要高。

范蠡当然没有放过这个拉拢伯嚭的机会，日后必定有用他的时候，于是范蠡把货款的一部分返赠给伯嚭，伯嚭坦然接受，心里早就笑开了花。

办好公事，范蠡又在吴国盘桓数日，暗中与潜在吴国的探子联络，打听西施现状如何。可是，事情并未如他所愿，自从西施得宠以来，吴王仿佛把她藏了起来，越国的探子竟一点西施的消息都打探不到。最后，那探子不确定地告诉范蠡，似乎建造新宫殿与西施姑娘有关。

一只鸟突然飞过头顶，尖锐的鸣叫声在空气里硬生生扯出一道透明的口子来。

血从心底溢出来，蔓延到全身。大风从黑暗里阴阴地吹过来，一瞬间像是卷走了所有的温度。

西施，你果然做到了。

等着我，我一定会带你离开这是非

之地。

范蠡风尘仆仆地赶回越国。文种开始组织人马，进驻越国西南山林。大批百年的楠梓，被扛出深山，编成木排丢进溪流顺流而下。走完溪水进入浙水，出浙水沿岸北上，然后逆苏州河缓慢进入太湖地区，最后在工地的一处码头上岸。

所有木材晾干后，就由伯嚭从各处搜罗来的能工巧匠们加工成雕栏画栋。

这个漫长的夏季，越国的巨木络绎不绝地沿着那条曲折的水路，进入吴国馆娃宫工地。而吴国国库里的钱币也被源源不断地运到越国会稽，充盈着越国国库。

（三）馆娃宫中

三个月之后，经过成千上万个工匠日夜不息的奋力工作，气势恢弘的馆娃宫终于正式落成。

楼阁玲珑，金碧辉煌。

馆娃宫的楼阁殿宇堪比整个吴宫，设计最为独特之处是其与周围的环境搭配和谐，整个宫殿与太湖之畔的自然风情浑然一体，仿若天成。宫殿方圆十里，其间有山有池，有林有径。

馆娃宫中的香山和夕山，东西遥遥相对，相映成趣。

夕山伫立在整个宫殿的西边，背着太湖而面向姑苏城，是将馆娃宫与世俗世界隔开的一道天然屏障。夕山上建有一座气势恢弘的楼台，站在台上眺望，便是繁华喧闹的姑苏城，吴王将此楼台命名为"望姑苏台"，即是后人口中大名

鼎鼎的"姑苏台"。

姑苏台是馆娃宫的东门，也是吴王召见文武百官的地方。此时，诸侯会盟已经结束，吴王夫差就是在这里接受各国诸侯朝贺，如吴王所愿，他终于成为春秋时代的又一位霸主。

之前也有些诸侯对吴王称霸并不服气，可是，当他们看到规模浩大气势宏伟的馆娃宫时，却不得不心服口服。如此恢弘的建筑只用了三个月就完成，足以看出吴国国力的雄厚。

只是，当大家都惊叹于吴国的强大时，有一个人却看到了这浮华背后的巨大隐患。这就是齐国君主，齐简公。

当年，齐国是春秋时代的第一个霸主，齐国称霸的时候，吴国还是个名不见经传的小国。齐桓公之后，齐国的君主们大兴土木，好大喜功，导致国力受损，最终失去了霸主地位。

所以当齐简公游览馆娃宫时，他看

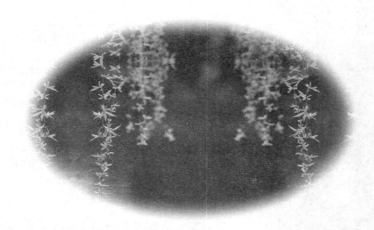

到了吴国衰亡的征兆，他不由得想到去年吴兵大军压境的情景，被迫臣服的屈辱。

与夕山遥遥相对的香山，是整个馆娃宫中最具风情之地。香山背姑苏面向太湖，夕阳西下时，霞光万顷，将整个太湖的水面映成红色，苍翠的群山倒映在水中，粼粼的波光反射入眼，那是一种道不清的柔和灿烂。

吴王乔迁至馆娃宫的当天，就迫不及待地带西施来到香山。

山中有玩花池、赏月台，立在池台之上，眼前郁郁葱葱，碧波万顷，一片生机盎然。

山峰并不很高，只是缓缓的坡度，潺潺的流水欢快地奔涌而去，见不到边际。山涧湖水清澈，印着蓝天白云，恍若远离尘嚣。

青山绿水，鸟鸣风清，一群群鸣禽此起彼伏，吵闹着整片山川。

西施抬起头，看到的是吴王那精致的笑脸，精致美好得如同幻景。他像是一个蕴着光的神明，霸气凛然，美轮美奂。

感觉到身后的目光，吴王回头望向西施，眼神深邃而明朗，直抵人的魂魄。

"这是我送给你的礼物。"

吴王指着眼前的风景对西施说。低低的嗓音有一种说不出的神秘与蛊惑。

西施不由得低下头去，微微地红了脸。

那一句短短的"谢谢你"没有出口，却在内心里反复地诵读，像是山谷里往返的回声。

被吴王灼热的目光注视着，西施突然有些心慌，那双深邃的眼睛好似能看穿灵魂，融入身体。

"大王，为了感谢您的礼物，西施为您演奏一曲吧。"为了掩饰内心的慌乱，西施淡淡地说着。

"好，我这就命人把琴送来。"声音充满了宠溺。

"大王不用麻烦，西施可以用这山中之物为您演奏。"

说着，西施款款地走向一棵柳树，伸手摘下片叶子，衔在嘴中，曲调悠扬流泻而出，一段婉转轻快的旋律悠悠地飘荡在香山上空，温柔地安抚着世俗的烦躁。

雪白的绸衫在暖风中飘动，柔顺的青丝自由地垂着，随风轻轻摇摆、微微晃动，如瀑布轻泻，如海浪微涌。

柔和的霞光，把那倾倒众生的绝色容颜映衬得更加动人心魄……

对不起，谢谢你。这句话被西施深深地藏在心底。

只是骄傲的吴王并不知，这段感情从诞生的那一天开始，就注定了要消亡。

在夕山与香山之间，便是依山而建的馆娃宫，这座宫殿并不追求高大宽阔，而是重视精巧含蓄。馆娃宫有寝房上千，无一重复。房间的大小、形状、室内陈设布置，更是无一相同，千姿百态。

在这座宫殿中，连接上千寝房的是百余条游廊，其中最著名的就是那条响屐廊。

为了给西施更多的惊喜，吴王并未

告诉她这条游廊的奥秘，只是让她踩着制作精美的木屐，在响漂廊上跳一支舞。

木屐或重或轻地叩击脚下的木板，由于木板下的陶缸深浅大小不一，所以回声各异。西施十分聪颖，很快就领略到响漂廊的妙处，于是，舞步流转，衣袂翻飞，腰似杨柳，媚眼如丝。或高昂或低沉的音符被轻快地连点成线，舞姿与音乐浑然一体，音乐就好似无形的舞姿，舞姿则是有形的音乐。

西施踏着节拍，在晚风中不停地旋转，旋转……

吴王沉浸在眼前似真似幻的美景中，感受着自己心里那股甜蜜温暖的感觉。

湖边一朵朵盛开的荷花，散发着醉人心脾的清香，丹霞映目，照亮了谁迷醉的眼，荷香轻飘，撩起了谁痴恋的心……

太湖美景，霸王美人。

从迈进馆娃宫起，吴王夫差就忘记了吴宫，忘记了吴国。

各路大臣有事就找伯嚭，伯嚭为了不打扰吴王，常常自作主张发号施令。只有在诸侯国前来进贡，这种能烘托吴王威仪的事情发生时，伯嚭才会前往姑苏台，献媚邀功。

相国伍子胥心明眼亮，他深知吴王

这种行为的后果会不堪设想，只是孤掌难鸣，无人理会他的意见，只能终日幽愤不已地蛰居在相国府。

吴王彻底沦陷在这个巨大的甜蜜陷阱里。他不知道，横在自己前面的，是一条大峡谷，深不见底。

一切平静都是龙卷风袭来前的假象。地上的草屑纹丝不动，树木静止如同石像。那些平静的海水下面，是汹涌的暗流，推波助澜地翻涌着前进。

六、终成眷属

（一）还粮阴谋

越国在八年不断发愤图强中暗中积蓄，国库充盈，谷仓满满，兵营将士个个凶猛，百姓爱国激情日益高涨。

转眼，又是个丰收的时节，越国田地里谷穗麦粒颗颗饱满。越王勾践身体里那种沸腾的感觉又回来了。全身的血液仿佛都燃烧起来，带着不可抗拒的热度，冲上黑色的天空。

蛰伏了几年的理想，从心里柔软的角落里苏醒。

该是还粮给吴国的时候了，勾践召文种、范蠡进行商讨。

"两位爱卿，此番丰收之际，正是我军将士挥戈伐吴的好时机。你们可有进兵之策？"

范蠡眉头轻蹙，他何尝不想早日破吴，早日与西施团聚，只是，此时的形势不利于越国伐吴。

"大王，微臣以为现在还不是我越国进攻之时。天下才刚刚诸侯会盟姑苏，吴王身为诸侯霸主，上挟天子之威，下遣诸侯之兵，我越国若此时攻吴，只怕会引起天下诸侯的共伐，如若如此，非但不能报仇，还会引来亡国之祸。"

　　"那依你之见，难道要将我越国上等粮食归还给吴国不成？"越王明显面露不悦之色。

　　"大王，范大人所言不无道理，伍子胥老奸巨猾，有他在，我们不得不有所顾忌啊！"文种一边劝说道。

　　"在给吴国致命一击之前，我们万万不能打草惊蛇，所以我们必须主动还粮，可是这样一来就会助长吴国势力，真是……"范蠡眉头紧蹙着说。

　　"大王，臣想到一计。"文种忽然兴奋道，"现在我国粮食颗粒饱满，而吴国粮食颗粒空瘪，吴国收到我国的还粮，

必然将我国的粮食分给百姓，作为良种播种。如果我们将粮食炒熟再送还，一旦吴国用作良种，那么来年必将颗粒无收。"

"爱卿好计策！你去组织百姓，生火炒粮，再收集起来运往吴国！"

范蠡担心如此高调行事难免会走漏风声，而且一旦被伍子胥识破这个计划，那后果不堪设想。于是他建议由文种组织百姓，修筑堤堰开拓荒田，然后让各家各户将粮食炒熟，作为带往工地的口粮。再将炒熟的粮食收集起来，一半运往工地，一半运往吴国。如此一来，既可兴修水利，又能拓宽田土，保证明年的丰收；还可掩人耳目，使文种的计划顺利进行。

伍子胥看到越国大兴水利，利国利民；而吴国却挥霍巨资建馆娃宫，劳民伤财，相比之下，他预见到不久的将来，吴国必然败给越国。

可是聪明的伍子胥并没有看出，越国还的粮食里面蕴藏着巨大的阴谋。

计划在顺利地进行着。范蠡押运粮食来到姑苏，请求伯嚭引荐吴王，当面向吴王表达越国百姓的感恩之心。

于是吴王在姑苏台上会见范蠡。

"吴王殿下，承蒙您厚恩大德，越国百姓才种出如此颗粒饱满的粮食。"说着将一袋谷物献上给吴王。

吴王打开粮袋，见里面的粮食果真是颗颗饱满，马上龙颜大悦。

"果然是名不虚传！太宰伯嚭听令，孤王命你将这些还粮分发到百姓手中，作为良种下田，到了明年，我吴国也可以

像越国一样大丰收。"

"微臣遵旨。"伯嚭叩拜接旨。

范蠡站在姑苏台上，眺望远处的馆娃宫。

抬起头，迁徙的鸟群从天空飞过。秋日的天空澄澈碧蓝，一些浮云在天上缓慢地移动着。

从西施离开到现在，一晃已经快三年了。她的音容笑貌在记忆里如从前一样深刻。

闭上眼睛，她还是会为自己在树下快乐地翩翩起舞。

她还是会和自己一起携手到郊外去看夕阳晚霞。

她还是会和自己花费整天休息时间去做两个人都不拿手的蝴蝶纸鸢。

她还是会和自己并肩依靠着说些有趣的故事。

舞技已经十分纯熟的她依然会为自己不经意的夸赞兴奋不已。

　　她依然会和自己拿柳叶吹家乡小曲，声声飞扬。

　　突然想起西施临别前说过的话，她说："少伯，就算分离得再遥远，可是头顶上，都还会是同一片星空啊，所以，无论什么时候，我们都不会觉得孤单。"

　　在离开西施的这些漫长的日子里，是她说过的那些话，让范蠡在寒冷的黑夜里，重新感到温暖。

　　（二）波涛暗涌

　　美酒佳肴，日夜笙歌。吴王依旧高枕无忧地忘情于馆娃宫，天下的形势悄然发生着变化，而他却浑然不觉。北边

的齐国终于按捺不住，陈兵鲁国边境，发誓不灭鲁国不撤兵。

三年前，吴王野心勃勃要发兵山东，征服齐鲁以图霸业，苦于没有借口。恰于此时，齐鲁之间突起争端，齐国联络吴国同伐鲁国，吴王夫差喜出望外，不听伍子胥的极力劝阻，发兵淮水之北。鲁国自知难以抵抗两大国的南北夹击，选择向齐国示弱投降。齐国本也不想开战，既然目的达到了，就立马收兵，同时告知吴军，伐鲁的军事行动到此结束。

夫差闻之十分恼火，堂堂东南大国竟被齐国玩弄于股掌之上，招之即来挥之即去。军队一旦行动，粮草兵器消耗极大，齐国的目的达成，而吴国却一无所获。鲁国得知夫差的恼火，趁机联络吴国反扑齐国。

于是，吴国与齐国展开了第一次交锋，结果齐军以失败告终。此番齐国再次挑起战端，是因为齐简公从异常奢华的吴宫，看出吴国已经是外强中干，所以才无所顾忌地剑指鲁国，报当初鲁国引吴军攻齐之仇。此时，孔夫子正在鲁国著述诗书，得知齐国已经出兵于边境，遂派弟子子贡救国于危亡之中。子贡利用各国之间错综复杂的联系，不辞辛苦地游说列国，以其超人的智慧与辩才，引导相关诸国合纵连横，设下一个个螳螂捕蝉黄雀在后的局。

在这场声势浩大的较量中，齐国国力大损，虽胜犹败，鲁国却有惊无险，最终安然无恙，而吴国的霸主地位土崩瓦解，越王勾践隐忍十年，大仇得报，晋国的出兵则埋下分裂的隐患，使得日后韩、赵、魏三家分晋，轰轰烈烈地展开七雄争霸的战国画卷。

当然，这也是后话。

尽管此时的吴王依然沉溺与西施的温柔缠绵，但是敏锐的伍子胥已然觉察出山雨欲来之势，相国府派往各国都城

的探子，将各诸侯国的一举一动都及时地反馈给伍子胥：勾践已经练成万余精兵，国库充盈，粮仓满满，其陋室中依旧悬着苦胆和寒光闪闪的越王剑。

吴国是天下的霸主，齐国竟然不经过吴国的同意，就悍然进犯他国，说明齐国已经看出吴国现在的实力已大不如前。齐国如此高调地大张旗鼓地攻打鲁国，实际上是将矛头直指吴国。

鲁国的使者子贡已经从齐国返回，正走在来吴国的路上。他之前在齐国都做了什么，此次来吴国是何目的，两鬓苍苍的伍子胥猜不出来。时间无情，如潮水一般覆盖着每个人的生命。垂垂老矣的伍子胥已经有些力不从心。

即使如此，伍子胥还是清楚地意识到：吴国真正的威胁来自越国，而且这个威胁越来越近。吴国已经被夫差折腾得虚弱不堪，但瘦死的骆驼比马大，只要吴国稳住局势，越国也不敢轻举妄动。

一路风尘，子贡日夜兼程赶到吴国姑苏台，虽然他身材矮小，面目朴实，但漆黑的眼睛里却闪露出不易察觉的精明。

骄傲霸气的吴王依然居高临下，平静地听子贡的哭诉，齐国如何欺人太甚，请霸主一定要为弱鲁主持公道。

吴王听完子贡陈述缘由，很是淡定，久不问朝政的他并没察觉出这其中暗藏的隐患。

"尔等且不要惊慌，孤王立即召集诸侯会盟，声讨齐国的侵略行为！"

子贡停止哭泣，动情地说："当年，若不是吴军相助，我鲁国已被齐国吞灭，鲁国臣民对吴王感恩戴德。我鲁国现在

全部兵力不足两万，而这次齐国十万大兵倾巢出动，齐简公用心险恶啊！"

"他有何用意，从实道来！"

"吴王殿下，鲁国夹在齐吴之间，齐灭鲁不过在举手之间，齐国之所以出重兵其意在吴国啊。齐简公对当年吴国的北伐始终耿耿于怀，灭鲁只为陈兵吴鲁边境，实为在做攻吴的准备。"

吴王闻之，恍然大悟同时也怒火中烧，当即召集文武百官到姑苏台商议。

武将们个个义愤填膺，请缨北上灭齐。文官们却面露躲闪之色，几年的安乐生活使得众人慵懒不堪。

这就是吴国每年花重金养出的人才。伍子胥冷眼看着这些食国之禄、坏国之事的文臣武将，不禁愤然起身，其骨铮铮，其言凿凿："吴国现已难自保，哪还能出兵救鲁？齐国起十万强兵，居心叵测，但想要千里奔袭我吴国，却是自不量力，自取灭亡。但是，那南越着实让老夫寝食难安，勾践那厮自归国之日，悬苦胆与利剑于陋室之中，大兴水利，国力日积月累，已成气候。同时，南越开矿冶铁，打造长矛利刃，万余精兵日夜操练，其灭吴之心不死，这才是我吴国最大的威胁。所以，大王，如今吴国只可岿然不动，以逸待劳，方可保江山社稷不败！"

虽然吴王很不喜欢伍子胥，文武百官也和他不和，但他的这番分析却十分在理，不容反驳。吴王看向子贡，面带难色。子贡随机应变："伍相国之言让子贡钦佩不已。吴越休兵十年，吴国宽大仁慈，换来越国的忠心耿耿，这是天下诸侯有目共睹的。正是吴王有如此的胸怀气度，才使得天下诸侯应召而来，会

盟姑苏，南越小国是否阳奉阴违，暗怀灭吴之心，子贡倒是愿意为吴王走一遭，一探虚实。"

吴王闻言大喜："子贡以旁观者的身份入越，必能探知详情。"

子贡领旨后，便马不停蹄地赶往越国。勾践、范蠡、文种在郊外郑重地迎接。

"南越地处偏僻东海，地窄民稀，子贡大人远足而来，不知有何贵干？"

"子贡此番是来吊唁越王的。"

勾践听之十分恼火，却引而不发："大人，何出此言？"

"子贡本来入吴求救，吴王开始已经答应救鲁伐齐，可是伍子胥对贵国心怀戒备，怂恿吴王先诛越国，再北上伐齐。"

勾践大惊失色："大人可有什么办法？"

子贡缓缓地说："越王，您有复仇的志向，却引起仇敌的怀疑，这种做法实在很是愚蠢。越国要自救，就一定要消除吴王的猜疑。"

范蠡诚恳地望着子贡道："吴国欲伐齐国，我越国定当鼎力相助。但是请子贡回吴告知吴王，我越国愿出精兵五千，随大王征战齐境。"

能够在最短的时间内，做出对自己最有利的选择，子贡不由得对范蠡刮目相看。

子贡返回姑苏台，将越国的事告知吴王。吴王听后，将信将疑。五日之后，当吴王看见姑苏台下浩浩荡荡的五千越甲，顿时对越国的忠心深信不疑。

早已受过贿赂的伯嚭，再一次发挥了他的作用："大王，越国臣服于大王，其忠诚真是日月可鉴。我吴国也应该将心比心，越国本无多少兵力，还要抗拒岭南蛮夷，所以大王不宜用越兵伐齐。"

于是，吴王一声令下，五千越甲原封不动地退回越国。

吴王开始积极筹备兵力北上，大张旗鼓，斗志满满。

而此时的子贡却披星戴月，马不停蹄地奔赴中原晋国。

大战将至，吴王仍然自信地沉浸在甜美而温暖的睡梦中。

一切都是暴风雨前的宁静。看似平静的水面之下，正隐藏着前所未有的暗流和危机。

（三）吴军征战

十万精兵强将整装待发。伍子胥始终不同意吴王出征，二人相持不下，最后伍子胥不得不死谏姑苏台。

吴王震怒，他对伍子胥早就没有耐心，于是，将鱼肠剑丢在他面前，赐其自刎。

伍子胥拾起鱼肠剑，心中百感交集。当年他授计夫差，正是用这把鱼肠剑，杀死了公子王僚，夫差才得以登上王位，而今自己却要死在此剑之下。

君要臣死，臣不得不死。

伍子胥瞬间感慨良多。他并不是怕死，只是这样死得毫无意义，他的死并不能阻止吴国走向灭亡。

伍子胥缓缓地抬起头，愤怒而又坚定地望着吴王："子胥死后，请大王将我的头颅悬于国之南门，让我看到越兵破吴的那一天！"

热血飞溅，势如飞虹。

吴王冷冷地看着伍子胥死不瞑目的尸体，幽幽地说，"你都死了，又怎么能看得见？"

最终，吴王还是命人将伍子胥的头颅悬于姑苏城的南门之上。

风几乎要将天上的云全部吹散了。

秋日里的天空，总是这样凌厉又高远。风仿佛吹了整个世纪，吹得什么都没有剩下。只有道道白光，从天空僵硬地射下来。

巨大的广场上，旌旗招展，骏马驰骋，战将如神。吴王寒眸微眯凝视着台下一切，脸上没有一丝表情，一身寒冷的戎装，在光芒的照耀下，金属的强硬光泽混着他那与生俱来的万丈凌云之气，甜蜜安逸的生活并没有磨去他万夫不挡的威风。

他像神一样，居高临下地站在姑苏台上点将，定于次日出兵北伐。

誓师完毕，安排妥当的吴王，回到

馆娃宫与西施道别。此番出征即便是马
到成功，也需三五十日才能回来。

江山和美人，英雄可以兼得，却难
以兼顾。

日夜陪伴在吴王身边的西施已经得
知吴王即将出征，同时她也深深地预感
到，吴王这一去，就是与自己的永别。

可是却没有想象中的那么令人振奋
和期待。

内心竟然像是森林深处的安静湖泊，
没有一丝的涟漪，即使刮过狂暴的旋风，
水面依然如镜般平滑。镜面上倒映着曾
经绚丽的年华和赠予这些年华的那个人。

西施抬起头，只见夕阳的余晖笼罩
在整个馆娃宫，影影绰绰的黑色树木映

衬在橙红色的天幕下，华丽却恐怖。一阵清凉干爽的秋风吹过，纷飞零落的枫叶突然让人觉得有一种难以言说的沧桑与悲凉。

西施开始觉得吴王很可悲。对他一网情深的女人被他抛至脑后，而他却挖心掏肺地对待一个早就心有所属的女人，并且为这个女人付出了来之不易的一切。

一场注定没有结果的爱情。一场注定要消亡的爱情。

西施也不明白吴王于她，究竟是爱情，还是仅仅为了满足他大男人的征服欲。

可是，再伟大的男人也是征服不了一切的。

转过身，西施看到了吴王。夕阳最后的光芒全都集中到了他脸上，强烈的光芒使人不得不微微眯上眼睛。明亮的阳光淡化了他五官的轮廓，唯独那一双深不见底的眼睛灿若明星。

暮色四合。黑夜如期而至。

西施投入地为吴王舞蹈着。踏着轻盈舒缓的舞步，裙摆轻扬，长发飘散，旋转间，风生水起。碎钻一样的星空旋转成一片光海，坠落，淹没。

月光照着她华丽的长袍，长袍在月亮的冷色光芒下泛出华丽的色泽。

吴王没有说话，脉脉地望着眼前这个倾国倾城的女人。

西施被他的深情目光钉住了脚步。月色真的很美好，可是吸引人的不是那如水的月光，而是月光中落寞孤单的身影。

俊朗清逸的面庞，记忆中明亮如星的眼睛被睫毛遮住，让人无法通过这道窗户看清他心中的波澜。

"大王，还记得您第一次带我来这里，我为您用柳叶吹的那支曲子吗？"

"让我再为您吹奏一次吧。"从哪里开始，就在哪里结束吧。

清凉的月光下，有如仙人般的女子唇角微扬，玉手轻执柳叶，曲调悠扬，其声袅袅，如怨如慕，如泣如诉。

她神色肃穆而高贵，脸上浅浅的微笑令人觉得很安静。轻轻吹奏着柳叶，仿佛是对爱侣的絮语，低低的，甜蜜而温柔。

天地间，好像只剩下笛声在倾诉一个凄美的传说。

如水的月光，洗尽的不过是往昔的美好。

此时的西施与吴王的心里都挤满了无数难以言说的情绪，这些情绪在这充满浓郁忧伤的空气里微微地酝酿、发酵，然后扩散向更加遥远的地方。

太阳就这样在西施茫然的眼神中，一点一点地升起。眉眼间却有着一抹挥之不去的淡淡忧思。

那一夜，未流过的眼泪，猝不及防地，不期而至。

她被狠狠压进那厚实宽阔的胸膛，熟悉的温暖和味道又将她紧紧缠绕。

永别了，吴王殿下。

西施强烈地预感到，吴王必将一去不返。范蠡终于要来接她了。

吴王在招展的旌旗下跃马西去，如蛟龙跃天，无与伦比的威严，说不出的桀骜不驯，可那瑟瑟寒风下的背影竟显得无比的孤单、清冷。

吴王亲率十万大军从北门出姑苏城，绵延不绝的队伍走了一天一夜。

第四日，吴王抵达鲁国边境，鲁哀公迎至边境，以商定吴鲁联军进攻的战略。

驻扎在齐鲁边境的齐国将士，得知吴王北上的消息，个个精神抖擞。

原来，子贡早在齐军大兵压境的危急时刻，孤身深入齐国游说齐简公。子贡对齐简公仔细分析了大局：鲁国是小国，不值得齐师大动干戈，况且鲁国之南，还有吴国虎视眈眈。贵国灭鲁意在攘吴，灭鲁只在举手之间，但是灭鲁后再移动大军南下攻吴，齐军长途奔袭，而吴军以逸待劳，于齐国很是不利。不如坐等吴军送上门来，关门打狗，岂不更好!

因此，吴国出兵正中齐简公下怀。齐国和吴国的第二次交锋就此拉开序幕。

吴兵挟霸主之气势，锐不可当；齐兵欲雪当年之辱，殊死拼搏。双方厮杀得难分难解，彼此都死伤惨重。

就在齐吴战事正酣之际，子贡又马不停蹄地跑去晋国设局。

晋定公是个得过且过的人，袖手旁观地看着邻国战火纷飞。子贡的到来却改变了他对战局的态度，子贡诚恳地对他分析："人无远虑必有近忧，城门失火殃及池鱼。吴国将士骁勇善战，齐国必然不敌，届时吴国挥戈西进，晋国必然措手不及。定公无须主动参战，但有备

无患，应做好应战准备。"

晋定公闻言，如梦初醒，赶紧命人着手行动起来。

果然不出子贡所料，齐兵终于不支，残兵败将一溃千里。吴王正杀得眼红，突然无仗可打，没有了对手，心中一时狂躁不安起来。

某日，吴王得知中原晋国正在整军备战，军中谋士火上浇油，说晋国有与吴国争霸的野心。骄傲的吴王勃然大怒，立刻挥戈攻打晋国，反正都来了，索性打个痛快。

计谋多端的子贡之所以要挑起吴晋之战，是有原因的。吴王在成为天下霸主的那一天起，他就成了众矢之的。虽然吴鲁相处和睦，吴军又先后两次救鲁国于危亡之际，但是身处强吴之侧，总会遭受兵祸连累。如果可以利用吴国打垮北方的齐国，再利用晋国拖垮南边的吴国，夹在大国之间的鲁国就可以和平

安宁地度日。

一切都向着子贡的没想发展。

晋国本无争霸之心，是身为霸主的吴王猜忌心思太重。所以当吴军挟残力余威进贡晋国时，晋国采取坚壁清野严防死守的策略。吴师本就是强弩之末，此番久攻不下，早被拖耗得精疲力竭，最致命的弱点是粮草不足。鲁国自称粮仓虚空，对吴军的困难有心无力，无奈，吴王只得派人回国催促粮草。

坚守在吴国的伯嚭接到筹集粮草的命令时，才发现粮仓早就空空如也。

因为，越国送来"良种"，使得吴国大片的田地颗粒无收。文种深谙农业之道，吩咐将还粮炒热即可，这样既看不出来是炒过的，种下后又能生根发芽，但是种子的内核早已经遭到破坏，长出的幼苗根本不可能结得出粮食。

吴国筋疲力尽的五万残兵，望眼欲穿地等待粮草，却毫无结果。吴王深知攻晋无望，只得鸣金收兵，班师回国。

可是祸不单行。在吴王回国的途中，传来越军乘虚而入的消息，负责姑苏防守的伯嚭早已投降。骄傲的吴王殿下万万没有料到，自己拼命在前线厮杀时，自家的后院却起了火。

吴王闻讯，怒火中烧，紧急命令将士急行军，信誓旦旦地要回国镇压叛乱。

（四）抱得美人归

早在吴国军队刚出姑苏的时候，勾践就已经迫不及待地要攻打吴国，但是被范蠡文种死命劝阻。直到吴军粮草短缺，将士忍饥挨饿，军心涣散的时候，范蠡才带领一万五千精兵良将，一路风驰电掣地奔吴国而来。

吴国的精锐部队已经被吴王带走，剩下的守兵非老即幼，见越军气势汹汹，从天而降，完全丧失斗志。又加上范蠡

遣使让伯嚭劝降，结果，姑苏城南门的守兵只是象征性地抵抗了一阵，就完全放弃，把越军放入了都城。

此时，伍子胥的头颅已成腐骨。如他所料，他用至死都没有合上的双眼看见了南越破城的那一刻。

越王勾践乘胜追击，率领主力长驱直入，将吴宫残存人等屠杀殆尽。

然后，勾践昂首阔步地走向高高的吴王宝座，享受着盼望已久的大仇得报的快意。

意料之中，吴王夫差惨败。只是他宁为玉碎不为瓦全，骄傲如他，绝对不会像勾践般放弃自己的身份，投降为奴。结果，就在千军万马之下，吴王仰天狂啸，举起了他的鱼肠剑，饮剑自刎。

西施看着面前那堵宫墙，墙外的绿色植物完全蔓延进来，好似这边的阳光会更温暖。

千千万万的亡灵在墙外呼啸，在风

中灰飞烟灭。

少伯，你应该快来了吧。西施想着，不由得嘴角微扬。

"哒哒哒……"

西施听到身后一阵急匆匆的脚步声由远及近。

她强烈地感觉到，是他，一定是他，那个让自己等了三年的男人，一颗心激动得要从胸口里跳出来。

"西施！"熟悉的声音略带颤抖地在身后响起。

西施听到呼唤，身体不由得一顿，颤抖地转身，漫长得像过了一千年。

她落入了那个宽阔的怀抱。带着记忆中熟悉的温暖，契合而舒适，仿佛天生便该如此依偎。西施闭着眼不敢睁开，眼泪顺着眼角缓缓流淌，一个人的泪水是苦涩，两个人的泪水交融却是甘美。泪水顺着唇边流过干涩的喉咙，最后汇集在心里。刹那间，像熔岩流过雪山，

心底的冰雪就这样云开雾散地融化，涓涓潺潺、奔流而去……

不知过了多长时间，她靠在他的肩头，闭着眼，心跳却似擂鼓般震得她耳膜通响。

终于，终于，我们都等到了这一天。西施范蠡如是想。

二人彻夜相拥，三年的思念，像破堤洪水一股脑儿压下来，冲毁了所有大堤大坝，也冲毁了整个世界。

无论何时，只要他在身边，就有一片蓝天。

翌日，范蠡给文种留下一封书信，然后携西施共乘一叶扁舟，泛游太湖，二人相亲相爱，漂泊而去。

从此杳无音讯。只是传说有富商出入五湖，时人称之为"陶朱公"。他身边总伴有一绝色女子，天姿国色，艳丽不可方物，见者惊为天人。